BEI GRIN MACHT SICH IHR WISSEN BEZAHLT

- Wir veröffentlichen Ihre Hausarbeit,
  Bachelor- und Masterarbeit

- Ihr eigenes eBook und Buch -
  weltweit in allen wichtigen Shops

- Verdienen Sie an jedem Verkauf

Jetzt bei www.GRIN.com hochladen und kostenlos publizieren

Hermann Hutter

Case Based Reasoning - Konzepte und Anwendungsbeispiele

GRIN Verlag

Bibliografische Information der Deutschen Nationalbibliothek:

Die Deutsche Bibliothek verzeichnet diese Publikation in der Deutschen National-
bibliografie; detaillierte bibliografische Daten sind im Internet über http://dnb.d-
nb.de/ abrufbar.

Impressum:

Copyright © 2003 GRIN Verlag GmbH
Druck und Bindung: Books on Demand GmbH, Norderstedt Germany
ISBN: 978-3-638-74763-9

Dieses Buch bei GRIN:

http://www.grin.com/de/e-book/22685/case-based-reasoning-konzepte-und-
anwendungsbeispiele

GRIN - Your knowledge has value

Der GRIN Verlag publiziert seit 1998 wissenschaftliche Arbeiten von Studenten, Hochschullehrern und anderen Akademikern als eBook und gedrucktes Buch. Die Verlagswebsite www.grin.com ist die ideale Plattform zur Veröffentlichung von Hausarbeiten, Abschlussarbeiten, wissenschaftlichen Aufsätzen, Dissertationen und Fachbüchern.

Besuchen Sie uns im Internet:

http://www.grin.com/

http://www.facebook.com/grincom

http://www.twitter.com/grin_com

Case-Based Reasoning

Case-Based Reasoning

Von: *Hermann Hutter*
Umfang: *Seminar-Arbeit*
Lehrstuhl: *Wirtschaftsinformatik*
Ort & Datum: *Universität Siegen, 12.01.03*

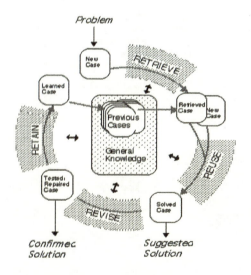

Bild 1 *Der CBR-Kreis*

INHALTSVERZEICHNIS

1. Einleitung

Die folgenden Seiten beschäftigen sich mit dem in den letzten Jahren zunehmenden Bereich des **Case-based reasoning (CBR)** (dt. Fallbasiertes Schliessen). Case-based reasoning ist eine Technik, die aus der Psychologie abgeleitet ist und in verschiedenen Anwendungsbereichen zum Tragen kommt, vornehmlich in der *Künstlichen Intelligenz (KI)*. Im weiteren Verlauf wird, ausgehend von dem Hintergrund und der Motivation dieses Themengebiets, die Begrifflichkeit erklärt sowie ein einführendes Beispiel aufgeführt, um die späteren Konzepte leichter nachvollziehbar zu machen. Im Hauptteil werden die wichtigsten Grundlagen von CBR erklärt und anhand des Phasenmodells von Aamodt und Plaza [AaPl94] durchlaufen. Ferner wird auf den Aufbau von CBR-Anwendungen hingewiesen und kommerzielle Werkzeuge vorgestellt. Im Schlussteil erfolgt dann abschliessend eine Zusammenfassung des Themenkomplexes, und ein Blick auf die zukünftige Entwicklung soll helfen zu verstehen, warum dieses Gebiet in den letzten Jahren so grosse Fortschritte gemacht hat und in neuen Bereichen wie *self-service* und *e-commerce* im WWW anzutreffen sein wird.

1.1. Motivation und Hintergrund

Autowerkstatt "Car&Bike": es ist kurz vor Feierabend. Automechaniker Stefan H. will gerade abschliessen als noch ein letzter Kunde kommt. Das Problem mit seinem Wagen liegt darin, dass der Motor nicht mehr anspringt. Nach einer ersten oberflächlichen Überprüfung stellt er fest, dass sowohl genug Benzin im Tank ist, als auch Öl und Wasser stimmen und keine, auf den ersten Blick wahrnehmbaren, Schäden an Keilriemen oder Lichtmaschine zu erkennen sind. Stefan H. überlegt woran es liegen könnte. Da fällt ihm der Kunde von letztem Monat ein: da hatte der Wagen die gleichen Symptome und nach langer Suche wurde das Übel in Form der kaputtgegangenen Einspritzpumpe identifiziert. Diesmal wird Stefan H. sofort mal nach der Einspritzpumpe sehen...

Was Stefan H. gerade durchdacht hat stellt eins von vielen alltäglichen Beispielen für kognitive Leistung dar. Man steht vor einem Problem und versucht es zu lösen, indem man auf Lösungen von früheren ähnlichen Problemen zurückgreift. So eine Vorgehensweise ist nicht selten anzutreffen: in der Rechtssprechung geht der Vergleich zwischen einem aktuellen Strafdelikt und einem früheren Präzedenzfall dieselben Wege; ebenso eine Grundschullehrerin, die den Streit zweier Schüler um einen Fussball schlichtet und dabei die gleiche Vorgehensweise an den Tag legt wie einige Stunden zuvor auch.

All diese alltäglichen Probleme haben eines gemeinsam: den Prozess der Lösungsfindung, Verstehen und Lernen mit bereits Gelöstem, Verstandenem, Gelerntem oder Bewährtem.

Was ist Case-based reasoning?

" Case-based reasoning is [...] reasoning by remembering."   zitiert nach [Berg99]

" A case-based reasoner solves new problems by adapting solutions that were used to solve old problems. "   zitiert nach [Berg99]

" Case-based reasoning is a recent approach to problem solving and learning [...]"
[AaPl94]

" Case-based reasoning is both [...] the ways people use cases to solve problems and the ways we can make machines use them."   zitiert nach [Berg99]

Beim CBR wird bereits vorhandenes, spezifisches Problemlösungswissen zur Lösung eines neuen Problems herangezogen und ggf. wiederverwendet. Dieses Wissen beruht auf früheren "Fällen" (*case*), die in einer sog. Fallsammlung (*General Knowledge*) zusammengefasst sind. Ein Fall besteht dabei immer aus der Beschreibung einer bereits aufgetretener Problemsituation und deren Lösung. Es können darüber hinaus auch in abgewandelter Form Beschreibung des Problemlösungswegs oder die Bewertung der jeweiligen Problemlösung zu dem Fall aufgenommen werden.

Beim Case-based reasoning geht man implizit von der Annahme aus, dass ähnliche Problemsituationen auch ähnliche Problemlösungen erfordern. Daher wird, um ein neues Problem zu lösen, ein ähnlicher Fall in der vorhandenen Fallsammlung ermittelt und anschliessend die vorhandene Problemlösung auf das neue Problem komplett oder in adaptierter Form übertragen. Dadurch ist ein neuer Fall entstanden, der nun in der Fallsammlung aufgenommen werden kann, um bei zukünftigen Problemen ebenfalls herangezogen werden zu können.

1.2. Kognitionswissenschaftliche Basis

Der Name Case-based reasoning ist zwar oben in einem ersten oberflächlichen Versuch erklärt worden, jedoch ist er für sich genommen wenig informativ und bedarf neben weiteren Erklärungen auch noch einigen Vorüberlegungen.

Der oben schon eingeführte Begriff "Fall" (engl. case) ist also eine " irgendwie geartete Erfahrung beim Lösen eines Problems " [Rich00], wobei die Beschreibung dieser Erfahrung meist erst einmal umgangssprachlich und informal vorliegt. Oft ist es auch nützlich, Erklärungen, wichtige Teile des Lösungsweges und andere zusätzliche Informationen mitzuliefern. Die Nutzung einer solchen Erfahrung oder Falles besteht im Weiteren nun darin, die Lösung auf ein neues, aktuelles oder hinreichend ähnliches Problem anzuwenden. Solche Erfahrungen spielen auch in anderen wissensbasierten Systemen eine Rolle, jedoch ist es wichtig, den Unterschied zwischen case-based Systemen und wissensbasierten Systemen zu sehen. Man kann case-based Systeme als spezielle Fortentwicklung wissensbasierter Systeme verstehen.

Der Leser kann sich nun zwei Arten von Fällen denken: gut gelöste und schlecht gelöste. Die ersteren möchte man erzielen und später wiederverwenden und die letzteren umgehen. Im weiteren Verlauf wird nur die erste Klassifizierung betrachtet. Die Menge aller Erfahrungen in Form der Fälle wird in der schon erwähnten Fallsammlung oder Fallbasis verwaltet. Sind die zwei zu betrachtenden Probleme, also frühere Erfahrung ↔ aktuelles Problem, aus unterschiedlichen Domänen (z.B. Sonnensystem und Atommodell) spricht man von "Analogie". Case-based reasoning wird aber so verstanden, dass beide Probleme aus demselben Bereich stammen. Ferner ist die Unterscheidung zu treffen, ob man die gefundene Lösung unverändert übernimmt oder sie geeignet adaptiert (im Beispiel: tauscht Stefan H. jetzt nur die Einspritzpumpe oder ist nicht auch ein Wechsel des Keilriemens nötig?). Hier ist somit ein Unterschied von eigentlichem case-based reasoning zu case-based retrieval zu sehen, da im zweiten Fall die Lösung nur kopiert, nicht aber generiert wurde. Diese Unterscheidung wird dann natürlich noch interessanter, wenn die Fallbasis eine derartige Menge an Erfahrungen beinhaltet, dass es zusätzlich noch zu dem Problem kommt, sich in einer aktuellen Situation einen geeigneten Fall aus der Basis suchen zu müssen.

Diese Vorgehensweise, Probleme zu lösen ist dem Menschen von jeher vertraut. Ihre Nutzbarmachung für die Unterstützung beim Problemlösen geht auf den Ansatz des "Dynamischen Gedächtnisses" (*dynamic memory*) [Berg99] zurück. Dieses psychologische Modell über menschliches Problemlösen und Lernen wird mit dem Wunsch verbunden, menschliche Intelligenz im Rahmen der KI auf einem Rechner zu verwirklichen.
Hierzu werden einige grundlegende Annahmen gemacht:

1. "Erinnern und Anpassen (Adaptieren) sind zentrale mentale Prozesse beim Verstehen" [Rich00]

   Beim Verstehen ist sowohl allgemeines Wissen (*scripts*) als auch spezifisches Wissen (Fälle) erforderlich. Scripts speichern nur allgemeines Wissen (z.B. über Kinos). Ein *script* ist dabei eine Gedächtnisstruktur, die dieses allgemeine Wissen über eine typische Situation speichert.

   Beispiel: Kinoscript
   betreten → Karte kaufen → Platz aufsuchen → Film anschauen → gehen

2. "Indexierung ist für das Erinnern wichtig." [Rich00]

   Je nach Bedarf wird allgemeines Wissen in Form von *scripts* oder spezifisches Wissen in Form von Fällen erinnert. Dabei ist es wichtig, dass Indizes für die Situation (z.B. Kinobesuch) und die Unterschiede zu ähnlichen Situationen (z.B. Einlass bei anderen Kino) vorhanden sind.

3. "Verstehen führt zur Reorganisation des Gedächtnisses, weshalb dieses dynamisch ist." [Rich00]

   Verstehen bedeutet, dass der Speichereintrag, welcher der aktuellen Situation am nächsten kommt aufgefunden und das Verständnis auf die neue Situation angepasst wird. Somit werden Erfahrungen erinnert und liefern Erwartungen, die das Verstehen erst ermöglichen.

4. "Die Gedächtnisstrukturen für die Wissensverarbeitung sind dieselben wie für die Wissensspeicherung." [Rich00]

Das dynamische Gedächtnis ändert sich durch Erfahrungen: es werden neue Fälle gespeichert, neue Indizes eingefügt oder bestehende geändert, neue Generalisierungen aus den Fällen erzeugt.

Die Fallbasis ist somit auch solch ein dynamisches Gedächtnis, welches sich ständig erweitert. Es ist daher offensichtlich, dass bei so einer Vorgehensweise und der Annahme der dynamischen Fallbasis, keine korrekten Lösungen garantiert werden können.. Deshalb wird auf die Exaktheit der Lösung zugunsten einer annährenden Lösung verzichtet. Da diese annährende Lösung nicht wahllos bestimmt werden darf, wird dies durch den Begriff der "Ähnlichkeitsbestimmung" (*similarity*), welcher eine zentrale Rolle in case-based Systemen einnimmt, kontrolliert (siehe 2.2 Ähnlichkeitsbestimmung (similarity)). Der Verzicht auf Exaktheit spiegelt sich auch darin wider, dass nicht mehr auf den Wahrheitsbegriff, sondern vielmehr auf den Nützlichkeitsbegriff Wert gelegt wird. Lösungen sind somit nicht mehr wahr oder falsch, sondern mehr oder weniger nützlich. Es handelt sich auch später nicht mehr um eine logisch richtige, sondern um eine Optimierungsfrage. Während der Wahrheitsbegriff universell ist, muss der Nutzen einer Lösung bei jedem aktuellen Problem individuell festgelegt werden.

1.3. Problemlösungen mit Case-Based-Reasoning

Um eine sinnvolle Nutzung durch CBR zu gewährleisten sind vorab folgende Überlegungen nötig:

1. "Es müssen hinreichend viele Erfahrungen vorliegen." [Rich00]

2. "Es muss einfacher sein, diese Erfahrungen zu nutzen, als die Probleme direkt zu lösen." [Rich00]

3. "Die Verwendung der Lösungen der Fallbasis darf sicherheitskritischen Anforderungen nicht widersprechen ." [Rich00]

4. "Die zur Verfügung stehenden Informationen sind unvollständig oder unsicher und ungenau." [Rich00]

5. "Eine Modellierung im Sinne traditioneller wissensbasierter Systeme ist nicht oder nicht einfach erhältlich ." [Rich00]

Neben den Problembereichen "Konfigurieren" und "Planen" treten die obigen Bedingungen wesentlich im *helpdesk*-Bereich, also "Diagnostik", und im elektrischen Verkauf auf. In der

6

"Diagnostik" werden die beiden anfallenden Aufgaben der Informationsvervollständigung und der eigentlichen Diagnose dahingehend unterstützt, dass Fälle mit ähnlichen Situationen zu Rate gezogen werden , um die immer wiederkehrenden Fragen "Wie gehe ich weiter vor?", "Was muss ich als nächstes wissen?" zu beantworten. Diese Fälle dienen meistens nur zur Informationsvervollständigung und werden zur eigentlichen Diagnose nicht verwendet. Hierzu unterscheidet man "strategische" Fälle, also solche Fälle, die zur Vervollständigung der Informationen dienen, von "diagnostischen" Fällen, solchen Fällen, die zur Enddiagnose herangezogen werden. Während für einen Helpdeskoperator im Bereich der "Diagnostik" vergleichbare Situationen vorliegen, deren Lösung er aus vergleichbaren Fällen findet, kommt für "Konfiguration" und "Planung" erschwerend hinzu, dass auch bei kleinen Abweichungen der Problemstellung die Lösung fast immer adaptiert werden muss. Daher ist in diesen Bereichen der Lösungsweg oft wichtiger als die Lösung selber. Unterschieden wird hierbei "Transformational Analogy", wo nur die Lösung gebraucht wird, von der "Derivational Analogy", wo der gesamte Lösungsweg verwendet wird. Durch das sog. "Replay" wird technisch versucht, den alten Lösungsweg soweit wie möglich nachzuspielen.

2. Grundbegriffe und Fallrepräsentation

Problemlösungen mit CBR-Methoden zu finden hängt in der Praxis sehr stark davon ab, wie gut organisiert die Fallbasis/Fallsammlung ist. Um die Lösung eines bereits archivierten Problems wiederverwenden zu können, muss die Suche zum einen die Effektivität der Lösung garantieren und zum anderen die Suchzeit effizient gestalten. Desgleichen gilt für den Fall, wenn eine Lösung als sinnvoll erachtet worden ist und nun in die Fallsammlung eingegliedert werden soll. Beim Speichern neuer Fälle ist oft die Frage problematisch, welche Informationen einem Fall mitgegeben werden sollen, in welcher Form diese Informationen übergeben werden sollen und welche Struktur die Fallsammlung am geeignetsten – für die spätere Wiederverwendung – haben soll.

In der Praxis sind verstärkt zwei Modelle einer solchen Struktur anzutreffen. Sie werden hier kurz erwähnt, jedoch nicht eingehender vorgestellt.

Zum einen ist da das **CYRUS-System**, basierend auf Schanks Modell des *dynamic memory* [Berg99]. Die Fallbasis in diesem Modell bildet eine hierarchische Struktur aus E-MOPs (*episodic memory organization packets*), einer Weiterentwicklung zu Schanks MOP-Theorie. E-MOPs, sind wie MOPs auch, "generalisierte Episoden". Der Grundgedanke bei diesem Modell ist, die spezifischen Fälle, welche sich nur gering voneinander unterscheiden, unter einer weiteren Struktur zusammenzufassen, einer "generalisierten Episode" (GE). Solch eine GE beinhaltet *norms*, *cases* und *indices*. Norms beschreiben die gemeinsamen Eigenschaften aller Fälle in einer GE. Indices sind die Eigenschaften, welche die einzelnen Fälle einer GE voneinander unterscheiden. Ein solcher Index, bestehend aus Name und Wert, kann auf eine noch spezifischere GE zeigen oder aber direkt auf einen Fall. Beim Aufnehmen eines neuen, wie auch beim Wiederfinden eines bestehenden Falls wird nun die ganze Hierarchie von der Wurzel aus durchlaufen und die Eigenschaften (*feature*) der einzelnen Fälle verglichen. Beim Abspeichern eines neuen Falles werden diejenigen, welche sich nur gering unterscheiden, unter einer neu erzeugten GE zusammengefasst, was den dynamischen Prozess dieses Modells betont.

Das zweite, in der Praxis auftretende Konzept ist das **PROTOS-System,** entwickelt von Bareiss und Porte. Dieses System basiert auf dem *category&exemplar* Modell [AaPl94]. Hierbei werden die Fälle als *exemplars* (dt. Exemplare) betrachtet und eine ausführlichere Beschreibung der Fälle wird gefordert, was eine Generalisierung komplizierter macht. Die Netzstruktur dieses Modells besteht aus *categories, cases* und *index pointers*. Jeder *case* gehört dabei zu einer *category* und ein *index* kann hierbei entweder auf einen *case* oder eine *category* zeigen, wobei die Indizes noch zu unterscheiden sind: einmal die *"feature links"*, welche von den Eigenschaften des aktuellen Problems (*features*) auf die einzelnen *cases* oder *categories* zeigen, zum zweiten die *"case links"*, die von den *categories* zu den jeweiligen *cases* führen und zum dritten die *"difference links"*, welche von einem *case* zu seinem Nachbarn zeigen und die geringen Abweichungen zueinander dokumentieren. Beim Wiederfinden eines Falles wird derjenige *case* oder diejenige *category* gesucht, welche die meisten gemeinsamen Eigenschaften aufweist. Wenn auf eine *category* verweist wird, werden alle Exemplare in hierarchischer Form durchlaufen. Beim Speichern neuer Fälle wird ähnlich vorgegangen. Wenn sich zwei Fälle annähernd gleichen wird kein neuer Fall angelegt, sondern es wird gemischt, d.h. es wird ein semantisch äquivalenter Fall erzeugt.

2.1. Repräsentationsformalismen

Während bis hierhin eine effektive Struktur der Fallbasis als unablässig vorausgesetzt worden ist, sollen nun einige kurze Definitionen folgen, die diese Struktur erst möglich machen [Rich00].

Ausgangspunkt sind die beiden Mengen: **P** (Problemmenge) und **L** (Lösungsmenge)

- ein Fall ist ein geordnetes Paar F = **(P,L)**, wobei **P** und **L** jeweils aus der Problem- bzw. Lösungsmenge stammen.
- eine Fallbasis ist ein geordnetes Paar **(FB,S)**, wobei **FB** die Sammlung aller Fälle ausmacht und **S** die Struktur dieser Sammlung beschreibt; die Struktur kann beliebig sein, soll jedoch eine effiziente Suche nach Fällen garantieren (siehe 2. Grundbegriffe und Fallrepräsentation)

Es ist oft sinnvoll, die Definition eines Falles zu erweitern:

- Hinzunahme eines Eintrags **K**, genannt Kommentar: F = **(P,L,K)**, wobei mit Kommentar eine Art Erklärung gemeint ist.
- Hinzunahme eines Eintrags **E**, genannt Effekt: F = **(P,L,E)**, wobei E bei Lösungen, die Handlungsanweisungen sind die Resultate beschreibt.
- Ferner ist eine Unterscheidung zu machen, ob ein Problem vom **Regeltyp** ist, also F = (P,L), oder ob es nicht möglich ist, eine solche Separierung in Problem- und Lösungsvariable vorzunehmen. Der zweite Fall wird als **"Constrainttyp"** bezeichnet.

Ein Fall, der in die Fallbasis aufgenommen werden soll, muss einige wichtige Informationen-enthalten, um effektiv wiederverwendet werden zu können [Berg99]. Dazu gehören:

- **Problem-/Situationsinformation**
  diese beschreibt ein gelöstes Problem bzw. eine Situation, die analysiert worden ist. Zu letzterem muss die gesamte Information enthalten sein, um entscheiden zu können, ob der Fall in dieser neuen Situation anwendbar ist; wieviel Information hierzu nötig ist, hängt vom Lösungsteil ab.

- **Lösungsinformation**
  hier fällt all jene Information drunter, welche die Lösung des Problems hinreichend genau beschreibt; dazu zählen auch solche Informationen, die bei der Lösungsanpassung helfen (z.b. Lösungswege, Rechtfertigung für getroffene Entscheidungen bei der Problemlösung, alternative Lösungsschritte oder Lösungsschritte, die bei Tests fehlgeschlagen sind).

- **Güteinformation (optional)**
  hierzu zählen feedback-Informationen, welche die Qualität der gewählten Lösung beschreiben (z.B. Lösung erfolgreich?, Aufwand/Kosten)

Die Sprache zur Repräsentation dieser Fälle ist weitgehend beliebig, es sollte jedoch eine Unterscheidung zwischen syntaktischem und semantischem Nutzen bei der Wahl der Repräsentation berücksichtigt werden.

Im Folgenden werden einige Repräsentationsformalismen kurz vorgestellt:

1. **Attribut-Wert Darstellung:**
   dies ist die häufigste Darstellung; hierbei wird sowohl der Problem- als auch der Lösungsteil des Falles durch Attribut-Wert Paare dargestellt (z.b. Ölkapazität des Motors: 5l). Die Menge der Attribute ist dabei entweder für alle Fälle fest vorgegeben oder kann von Fall zu Fall variieren, was im Bereich der "Diagnostik" häufig vorzufinden ist.
   Jedem Attribut ist ein Wertebereich (Typ) zugeordnet (z.B. Integer, Real, Symbol, Text). Bei der Repräsentation von unbekannten Attributwerten hilft die Einführung eines speziellen Symbols "unknown".
   Bei der Wahl der Attribute ist darauf zu achten, dass möglichst unabhängige Merkmale repräsentiert werden, da nur aufgrund der Attribute entschieden werden kann, ob der Fall anwendbar ist. Bei der Wahl der Typen der einzelnen Attribute ist es wichtig, dass die Ähnlichkeitsbestimmung (siehe 2.2 Ähnlichkeitsbestimmung (similarity)) und/oder Lösungsanpassung ohne weiteres möglich ist. Bei Symbolen sowie Integer/Real ist die Lösungsanpassung recht einfach, während bei dem Typ Text dies sehr schwierig werden kann, da die Textsemantik nur ungenau erfasst werden kann.
   Der Vorteil dieser Darstellung liegt in der Einfachheit der Ähnlichkeitsbestimmung sowie Lösungsanpassung bei gut gewählten Attributtypen. Zu den Nachteilen zählt vor allem der Mangel an Möglichkeiten zur Repräsentation struktureller und relationaler Information, d.h. sie ist weniger gut geeignet für synthetische Aufgaben wie Planung, während sie alle Vorteile bei analytischen Aufgaben, insbesondere "Klassifikation" bei grossen Fallbasen aufweist.

2. **Objektorientierte Repräsentation**
   bei dieser Darstellung besteht ein Fall aus einer Menge von Objekten, wobei jedes Objekt durch eine feste Menge von Attributen, die zusammengehören beschrieben wird. Zwischen Objekten eines Falles bestehen Beziehungen (Relationen) und jedes Objekt gehört einer Oberklasse an, die wiederum in einer Vererbungshierarchie angeordnet sind. Die wichtigsten Relationen zwischen Objekten sind folgender Natur:

- **Taxonomische Relationen**
  d.h. *"a-kind-of"*-Relationen (z.B. Auto *a-kind-of* Transportmittel)
- **Kompositionelle Relationen**
  d.h. *"is-part-of"*-Relationen (z.B. Motor *is-part-of* Auto)

Die Sprache CASUEL [Berg99] basiert auf solch einer objektorientierten Repräsentation.

Die Vorteile dieser Darstellung sind zum einen eine strukturiertere und "natürlichere" Fallrepräsentation, zum anderen die Tatsache, dass strukturelle und relationale Information repräsentierbar ist. Nachteile sind in der aufwendigen Ähnlichkeitsberechnung und Lösungsanpassung gegeben. Objektorientierte Repräsentation ist geeignet für analytische sowie synthetische Aufgaben, im Bereich von "Konfiguration" und "Design", jedoch ungeeignet im Bereich der "Planung".

3. **Bäume und Graphen**
   Bei dieser dritten Darstellungsform können Problem, Lösung und auch Lösungsinformationen (Lösungsweg, Rechtfertigungen,...) durch Graphen repräsentiert werden. Hierbei unterscheidet man einen gerichteten von einem ungerichteten Graph, wobei ein Graph aus einer endlichen Anzahl Knoten sowie, beim gerichteten Graph, aus einer Menge von ungeordneten Paaren, genannt Kanten, besteht. Ein Baum ist dabei ein azyklischer ungerichteter Graph mit einem ausgezeichneten Knoten, genannt Wurzel.
   Vorteile in dieser Art der Darstellung liegen nun in der Repräsentation von strukturellen Beziehungen, sowohl in der Problem- als auch in der Lösungsbeschreibung. Des weiteren können Algorithmen aus der Graphentheorie für die Ähnlichkeitsbestimmung genutzt werden, was sich jedoch durch hohe Komplexität und hohen Aufwand auch als Nachteil erweisen kann. Geeignet ist diese Form der Repräsentation für analytische und synthetische Aufgaben, in Bereichen, wo Graphenstruktur erforderlich ist, jedoch ist sie ungeeignet für detaillierte Repräsentation komplexer, stark strukturierter Aufgaben.

Diese drei Darstellungsformen sollen genügen, um die syntaktische Unabhängigkeit der Fallrepräsentation zu unterstreichen. Weitere Formen, wie "Prädikatenlogik" und "Pläne" sollen der Vollständigkeit halber an dieser Stelle noch erwähnt werden.

2.2. Ähnlichkeitsbestimmung(similarity)

Der Begriff der Ähnlichkeitsbestimmung ist ein zentraler Aspekt im Bereich des Case-based reasoning, da er die Grundlage zu dem "Retrieve"-Schritt, der ersten Phase im Prozessmodell (siehe 3.1 Retrieve) bildet. Hier wird aus der Fallsammlung derjenige Fall herausgesucht, welcher der Problemstellung der aktuellen Anfrage am "ähnlichsten" ist. Bevor der Begriff der "Ähnlichkeit" in CBR-Systemen konkretisiert wird, soll vorab erst die inhaltliche Bedeutung von Ähnlichkeit geklärt werden:

1. Ähnlichkeit bezieht sich immer auf einen speziellen Aspekt oder Zweck.
   d.h. es gibt keine absolute Ähnlichkeit (z.B. zwei Autos sind ähnlich bezüglich ihrer Höchstgeschwindigkeit)

2. Ähnlichkeit ist nicht notwendigerweise transitiv.
   d.h. Ähnlichkeitseigenschaften sind nicht transitiv übertragbar (z.B. Der Preis von 10€ ist dem von 12€ ähnlich → der Preis von 12€ ist dem von 14€ ähnlich → ... → der Preis von 20€ ist dem von 22€ ähnlich→ der Preis von 10€ ist dem von 22€ jedoch <u>nicht</u> ähnlich)

3. Ähnlichkeit muss nicht symmetrisch sein.
   d.h. Bidirektionalität ist nicht immer richtig (z.B. Thomas tanzt wie John Travolta. John Travolta tanzt aber <u>nicht</u> wie Thomas.)

Durch das Herausfiltern der ähnlichsten Problemsituation aus der Fallbasis zum aktuellen Problem, soll diejenige Lösung gefunden werden, die bzgl. der Anfrage am "nützlichsten" ist. Ähnlichkeiten sind über einer Menge **O** von Objekten erklärt. Man unterscheidet relationale und funktionale Beschreibungen von Ähnlichkeit [Rich00].
Ein erster relationaler Ansatz hätte die Form: **R (x, y, u, v)** mit der Bedeutung: "**x** und **y** sind mindestens so ähnlich wie **u** und **v**", wobei **x, y, u, v** aus der Menge **O** stammen. Im Bezug auf die Problemstellung in CBR-Systemen ist die Definition des "**Nächster Nachbar**" (NN) nötig, welcher diesen ersten Ansatz insofern modifiziert, als dass eine Komponente der Relation **R** (z.B. **y**) die Fallsammlung repräsentiert [Rich00].

> <u>**Def.**</u> NN (x, z) <=> (∀ y) R (x, z, x, y)   (gelesen als: z ist ein NN von x)

Eine Realisierung der Relation R kann durch reellwertige Funktionen geschehen, wobei zwei mathematisch äquivalente Möglichkeiten bestehen: Ähnlichkeiten und Distanzen, genauer "Ähnlichkeitsmaße **sim**" und "Distanzmaße **d**".
Somit sind die Ausdrücke R_{sim} (x, y, u, v) <=> sim (x, y) ≥ sim (u, v)
und R_d (x, y, u, v) <=> d(x, y) ≤ d (u, v)   aus dem obigen Ansatz als semantisch gleichwertig zu verstehen. Dies sagt jedoch noch nichts darüber aus, wie ähnlich oder unähnlich zwei Objekte sind; dies geschieht erst, wenn konkrete Maße für das Prädikat **sim (x, y)** definiert worden sind.

Diese Maße sind auf den jeweiligen Repräsentationen definiert. Zentraler Begriff hierbei ist das "**gewichtete Hammingmaß**". Es operiert auf Attribut-Wert Darstellungen mit booleschen Werten [Rich00].

> <u>**Def**.</u> Ein **gewichtetes Hammingmaß** mit dem Gewichtsvektor $g = (g_1, ... , g_n)$, $0 \le g_i \le 1$ ist erklärt durch:
>
> $$H_g ((a_1, ... , a_n), (b_1, ... , b_n)) = \Sigma (g_i \mid a_i = b_i, 1 \le i \le n)$$

Die Variablen **a** und **b** bezeichnen hierbei die Attribute zweier Fälle.

Eine wichtige Verallgemeinerung führt "lokale Maße" ein. Hier werden beliebige Wertebereiche zugelassen, wobei auf jedem der Wertebereiche T_i nun ein Ähnlichkeitsmaß sim_i vorgegeben wird, die Maße heißen dann **lokale Maße**.

> <u>**Def.**</u> Das **globale Hammingmaß** mit dem Maßvektor $sim = (sim_1, ... , sim_n)$ und einem Gewichtsvektor $g = (g_1, ... , g_n)$ ist erklärt durch:
>
> $$H_{g, sim} ((a_1, ... , a_n), (b_1, ... , b_n)) = \Sigma (g_i * sim_i (a_i, b_i) \mid 1 \le i \le n)$$

Hiermit können nun zwei Problemteile mit gegebenen Ähnlichkeitsmaßen und gegebenen Gewichtsvektoren auf Ähnlichkeit hin untersucht werden. Je höher hierbei das **globale Hammingmaß** ist, umso ähnlicher sind die Probleme. Der entsprechende **Hammingabstand** ist analog hierzu. Anhand der Ähnlichkeitsbestimmung bei Attribut-Wert Darstellung (Ähnlichkeitsbestimmung bei anderen Darstellungen wurde aufgrund von Umfang und geringfügiger Notwendigkeit zum Verstehen von CBR-Systemen weggelassen) wird hiermit in der Retrieval-Phase die Suche in der Fallbasis nach dem "nächsten Nachbarn" zu einer Anfrage durchgeführt. Der Lösungsteil des Suchergebnisses wird als Lösung des Anfrageproblems übernommen, evtl. nach einer angepassten Modifikation.

Bleibt nun noch ein kurzes Augenmerk auf die Möglichkeit gerichtet, dass gewisse Attributwerte nicht bekannt sind und die Frage, wie dieser Umstand sich auf die Ähnlichkeit auswirkt. In der Praxis könne drei Strategien verfolgt werden:

- man geht **optimistisch** davon aus, dass die unbekannten Werte für die Ähnlichkeit sprechen würden und drückt dies durch eine lokale Ähnlichkeit von 1 aus
- man geht **pessimistisch** davon aus, dass die unbekannten Werte gegen die Ähnlichkeit sprechen würden und drückt dies durch eine lokale Ähnlichkeit von 0 aus
- man nimmt den **Erwartungswert** für die Ähnlichkeit, arbeitet also mit einer Schätzung

Wie oben schon verdeutlicht, beeinflussen die Ansätze zur Ähnlichkeitsbestimmung auch die Wahl der Fallrepräsentation, und zwei Fälle sind nur dann ähnlich, wenn die Lösung anpassbar ist.

2.3. Fallbasis und Lösungstransformation

Im weiteren Vorgehen soll nun der Begriff der "Fallbasis" sowie der "Lösungstransformation", welcher in der "Reuse"-Phase (siehe 3.2 Reuse) zentral wirkt näher betrachtet werden.

Eine Fallbasis FB ist dabei eine endliche Menge von Fällen, wobei ein Fall i.d.R. aus dem Paar Problem/Lösung oder Problem/Lösungsweg besteht.
Es stellt sich nun die Frage, wie eine solche Fallbasis aufgebaut werden sollte, da ihre Struktur zur Effizienz des Suchens beitragen soll. Es gibt nun zwei widersprüchliche Tendenzen für diesen Aufbau: "Sie sollte einerseits möglichst groß sein, um die Anwendbarkeit zu erweitern, andererseits aber auch wieder möglichst klein, um die Suche nach dem nächsten Nachbarn effizient zu gestalten." [Rich00]. Da in der "Retain"-Phase (siehe 3.4 Retain) der aktuelle Fall neu in die Fallbasis aufgenommen wird und somit ein dynamisches "Lernen" [Berg99] stattfindet, wird die Fallbasis ständig erweitert und eine Wartung ist notwendig, um die Effizienz weiterhin zu gewährleisten. Da im Prozess des "Lernens" neue Fälle hinzukommen, die andere Fälle überdecken oder eine bessere Lösungsvariante anbieten, muss ferner gewährleistet sein, dass "schlechte Erfahrungen" aus der Fallbasis entfernt werden. Diese Möglichkeiten der Verkleinerung der Fallsammlung werden durch die IBL-Algorithmen realisiert. Diese Lernalgorithmen, **IB1** (ein Algorithmus zur Aufnahme jedes Falles in die Fallbasis), **IB2** (ein Algorithmus zur Aufnahme eines Falles nur bei Fehlklassifikation der aktuellen Fallbasis) sowie **IB3** (ein Algorithmus zur Aufnahme eines Falles nur bei Fehlklassifikation der aktuellen Fallbasis sowie dem Entfernen schlechter Fälle) [Berg99] sollen eine möglichst hohe Kompe-

tenz der Fallbasis erreichen und ungültige bzw. überflüssig gewordene Fälle löschen und so den Speicher- und Retrievalaufwand verringern. Die Vorgehensweise ist dabei, eine inkrementelle Bestimmung derjenigen Fallsammlung zu erreichen, welche die höchste Kompetenz und Effizienz bietet. Dies geschieht anhand einer **"Trainingsmenge M"** [Rich00], auf die aber im Folgenden nicht näher eingegangen wird.

Anstatt jedoch eine grosse Anzahl Fälle zu speichern, kann es zweckmäßig sein, mit wenigen Fällen auszukommen und die fehlenden durch eine Adaption der Lösung zu kompensieren. Dabei sollte der Aufwand einer solchen Lösungsanpassung jedoch nicht übermäßig ansteigen. Hierzu gibt es Adaptionsregeln, welche allgemein Adaptionsoperatoren enthalten, um die Art der Lösungsanpassung genau zu beschreiben (siehe 3.2 Reuse). Im Bereich der "Diagnose" und "Klassifikation" sind diese Regeln jedoch seltener anzutreffen, eher verstärkt in "Planung" und "Konfiguration", weil dort praktisch schon die kleinste Änderung des Problems eine Änderung der Lösung zur Folge hat.

2.4. Grundtypen von CBR-Methoden

Die zentrale Aufgabe aller CBR-Methoden ist die Erfassung einer aktuellen Problemsituation, einen ähnlichen Fall zu finden und nach der Lösungsadaption und -evaluierung die Fallbasis zu erweitern. In welcher Form dies geschieht, welche Prozesse dabei ablaufen, welche Probleme auftreten, usw. unterscheidet sich dabei natürlich in den verschiedenen Methoden. Es soll nun eine grobe Klassifizierung in Grundtypen solcher Methoden erfolgen, wo solche mit ähnlichen Eigenschaften zusammengefasst werden.

Eigentlich ist der Begriff "Case-based reasoning" schon ein solcher Grundtyp, was jedoch nicht zur Verwirrung führen soll, da nun Case-based reasoning sowohl als Oberbegriff als auch als ein Grundtyp verwendet wird. Im Folgenden werden nun die anderen *"main types"* [AaPl94] vorgestellt:

1. **Exemplar-based reasoning:**
   Hier werden die Fälle als Exemplare gesehen, die in diesem Konzept ausführlicher beschrieben werden und somit eine Generalisierung erschweren. Die Lösung eines Problems ist hier eine *"classification task"* [AaPl94], besteht also darin, die richtige Klassifikation für das aktuelle Exemplar zu finden. Die Klasse des hierzu ähnlichsten Exemplars wird als Lösung verwendet, eine Lösungsanpassung im Sinne einer Modifikation ist bei diesem Konzept kein zentraler Gedanke.

2. **Instance-based reasoning:**
   Dies ist eine Spezialisierung des "exemplar-based reasonig"-Konzepts in Form einer Weiterentwicklung in eine höhere syntaktische Ebene. Es wird eine grosse Anzahl Instanzen verwendet, um eine angemessene Struktur der Fallbasis sicherzustellen, wobei eine Instanz bspw. als Attribut-Vektor repräsentiert wird.

3. **Memory-based reasoning:**
   Diese Form des CBR sieht die Fallsammlung als *"large memory"* [AaPl94], als ein grosses Gedächtnis an, in dem das Suchen nach einer Lösung stattfin-

13

den soll. Das Nutzbarmachen von "*parallel processing*" [AaP194] ist das charakteristische an diesem Konzept und unterscheidet es von den anderen.

4. **Case-based reasoning:**
Obwohl Case-based reasoning als Oberbegriff dient, beinhaltet das ursprüngliche Konzept einige Charakteristika, welche sich von den anderen Typen unterscheiden. Als erstes sollte ein Fall, im eigentlichen Sinne, ein gewisses Maß an Information beinhalten sowie eine gewisse Komplexität mit Blick auf die interne Struktur. Dies wird durch einen Attribut-Vektor realisiert, der die Werte hierzu speichert. Zum anderen ist da die Tatsache, dass eine Lösungsadaption möglich ist, um in einem anderen Problemkontext zur Verwendung zu kommen. In diesem Konzept wird wiederholt auf kognitionswissenschaftliche Theorien zurückgegriffen.

5. **Analogy-based reasonig:**
Analogy-based reasoning (ABR) und Case-based reasoning unterscheiden sich kaum voneinander. Beide beschäftigen sich mit dem gleichen Themengebiet und gehen dabei ähnlich vor. Unterschiede ergeben sich aus den Domänen bearbeiteter Fälle; ABR ist dabei interdomänial orientiert, während sein Gegenüber innerhalb des stammenden Themengebiets bleibt. Des weiteren ist bei diesem Konzept ein Hauptaugenmerk das sog. "*mapping problem*" [AaP194], also der Versuch, einen Weg zu finden, die Lösung eines analogen Problems auf das aktuelle zu übernehmen.

Diese 5 Subtypen des CBR-Bereichs befassen sich alle mit der gleichen Problemstellung, jedoch liefern sie für die einzelnen Prozesse verschiedene Ansätze. Im weiteren Verlauf ist mit "Case-based reasonig" weiterhin der Oberbegriff gemeint, da es gilt, einen generellen Eindruck zu vermitteln und nicht konkrete Realisierungen durchzuspielen.

3. Prozessmodell

Case-based reasoning ist ein mehrphasiger Prozess, der durch eine Vielzahl von Phasemodellen mit unterschiedlichen Detaillierungsgraden beschrieben werden kann. Das in Bild 1 gezeigte Phasenmodell spiegelt den CBR-Kreis von Aamodt und Plaza [AaP194] wider, ein dynamisches Modell, welches die wichtigsten Subprozesse, ihre Abhängigkeiten und die einzelnen Phasenergebnisse benennt. Dabei wird der Hauptprozess in 4 Subprozesse, oder Phasen, unterteilt:

1. **Retrieve:**
Als erstes wird der ähnlichste Fall zu der aktuellen Anfrage aus der Fallsammlung gesucht.

2. **Reuse:**
Die Informationen und das Wissen dieses herausgesuchten Falles wird dazu verwendet, eine Lösung für das Ausgangsproblem zu finden; eine Lösungsadaption findet statt.

14

3. Revise:
Die gefundene/angepasste Lösung wird auf ihre Nützlichkeit hin überprüft; eine Evaluierung wird durchgeführt.

4. Retain:
Das aktuelle Problem, in Verbindung mit der adaptierten Lösung, wird als neuer Fall in die Fallsammlung aufgenommen, um bei zukünftigen Problemen in Betracht gezogen werden zu können.

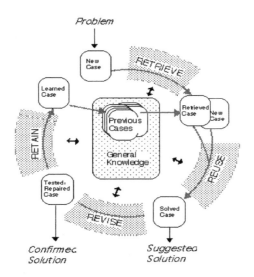

Bild 1 Der CBR-Kreis   Quelle: [AaPl94]

Wie aus dem Bild ersichtlich wird, dient die Fallsammlung der Unterstützung der Subprozesse. Diese Unterstützung variiert je nach Bereich, in dem CBR zur Anwendung kommt und welches Konzept letztendlich realisiert wird (siehe 2. Grundbegriffe und Fallrepräsentation).

Im Folgenden werden die einzelnen Phasen etwas genauer behandelt.

3.1. Retrieve

Der erste Schritt eines jeden CBR-Prozesses ist die Bereitstellung, die Auswahl geeigneter Fälle aus der Fallbasis, oder dem Gedächtnis. Die Retrieve-Phase beginnt mit einer Beschreibung des aktuellen Problems und endet, wenn der beste Fall hierzu gefunden worden ist. Es muss jedoch nicht immer nach dem ähnlichsten Fall gesucht werden; es können auch die ähnlichsten Fälle (geordnet oder ungeordnet) oder aber alle Fälle, die zum Ausgangsproblem mindestens eine gewisse Ähnlichkeit haben betrachtet werden.

Das Hauptproblem dieses Suchens ist die Effizienz hierbei und die Frage, wie organisiert man die Fallbasis, so dass Fälle effizient aufgefunden werden können. Die Strategie hierzu bestimmt somit auch den Retrieve-Prozess. Ein Fall kann in der Fallbasis zentral in Form einer einzelnen Gesamtbeschreibung oder verteilt in Form mehrerer miteinander verbundener Teilbeschreibungen abgebildet werden. Wählt man eine zentrale Darstellungsform, wie etwa die oben schon vorgestellte Attribut-Wert Darstellung (siehe 2.1 Repräsentationsformalismen), lägen die Vorteile dabei sowohl in einer relativ einfachen, leichtverständlichen Abbildung, als auch in einer vergleichsweise einfachen Speicherung der Fälle, etwa in Datenbanken. Ferner würde die effiziente Ähnlichkeitsbestimmung bei der Fallauswahl, etwa durch Vergleich der Attributwerte ein schnelleres Retrieval ermöglichen.

Die Präzision bei der Fallauswahl hängt entscheidend davon ab, wie gut es gelingt, die Ähnlichkeit zwischen der Anfrage und den vorhandenen Fällen zu bestimmen; dies kann durch die Berechnung von Ähnlichkeits- bzw. Distanzmaßen, wie das oben vorgestellte Hammingmaß (siehe 2.2 Ähnlichkeitsbestimmung) erfolgen oder anhand der Lage der Fälle, wenn ähnliche Fälle - etwa bei der Anordnung in Form von Suchbäumen - nahe beieinander abgelegt sind. Es kann im weiteren Vorgehen zwischen der Ähnlichkeit auf syntaktischer und struktureller, also semantischer, Ebene unterschieden werden. Die Auswahl semantisch ähnlicher Fälle führt allgemein zwar zu besseren Auswahlergebnissen, ist aber mit erheblich mehr Aufwand verbunden.

3.2. Reuse

In der zweiten Phase, der Reuse-Phase, wird die Problemlösung des Falls, der im Retrieve-Prozess ausgewählt worden ist, auf das aktuelle Problem übertragen. Die alte Lösung kann dabei entweder vollständig (man spricht dann von **Nullanpassung**) übernommen werden, was die einfachste Form des *reuse* ist oder aber nur teilweise wiederverwendet werden. In diesem Adaptionsprozess werden die Unterschiede zum aktuellen Problem berücksichtigt und eine Lösungstransformation findet statt. Die Darstellung der Transformation erfolgt meist in Form von Regeln. Solche Adaptionsregeln beinhalten allgemein sog. Adaptionsoperanden, welche die Art der Lösungstransformation genauer beschreiben. Man unterscheidet zum einen die "Substitutionsadaption" [Rich00], d.h. Lösungsbestandteile oder Parameter werden geändert, eingefügt oder gelöscht und zum anderen die "strukturelle Adaption" [Rich00], wo es zu einer Reorganisation, also Umstrukturierung, der Lösung kommt, in Verbindung mit Einfügen und Löschen von Objekten. Die Adaptionsoperatoren beschreiben dabei die Änderungsaktionen, weshalb eine Lösungstransformation gewöhnlich durch Anwenden einer Folge von Operatoren entsteht. Je nach Anwendungsbereich, ist man nicht unbedingt an der alten Lösung interessiert, sondern vielmehr an dem Lösungsweg. Man unterscheidet "Transformational Analogy", wo nur Gebrauch von der Lösung gemacht wird von der "Derivational Analogy", bei welcher der gesamte Lösungsweg verwendet wird und somit eine neue Problemlösung erzeugt wird [Rich00]. Dies wird durch das "Replay" [AaPl94] realisiert, welches versucht, den alten Lösungsweg soweit wie möglich nachzuspielen.

In der Reuse-Phase wurde bislang davon ausgegangen, dass eine ausgewählte Lösung betrachtet und anschliessend transformiert wird. Es ist jedoch auch möglich, dass die übertragene Lösung aus einer Kombination von Teillösungen mehrerer Fälle besteht.

"Zusammenfassend kann man sagen, dass sich bei der Lösungstransformation der eigentliche Prozess des ... [Case-based reasoning] abspielt." [Rich00]

3.3. Revise

Wenn der Reuse-Prozess eine Lösung adaptiert oder neu generiert hat, wird nun im Rahmen der Revise-Phase die Problemlösung bewertet und erforderlichenfalls korrigiert. Im ersten Schritt der Bewertung kann dies intern oder extern erfolgen. "Bei der internen Bewertung wird die Plausibilität der Problemlösung anhand des spezifischen Problemlösungswissens - beispielsweise durch eine Suche nach Fällen, die im Widerspruch zur Problemlösung stehen- überprüft. Bei der externen Bewertung wird die Güte der Problemlösung in der Realität über- prüft, etwa im Hinblick auf den Erfolg, ihre Akzeptanz oder den Realisierungsaufwand." [Düsi02] Wenn diese Bewertung negativ ausfällt, muss die Problemlösung korrigiert werden, d.h. die Fehler der aktuellen Lösung werden gesucht und anschliessend wird die Lösung der- art modifiziert, dass diese Fehler nicht mehr auftreten. Daraufhin wird eine erneute Bewer- tung vorgenommen und bei positivem Ergebnis wird dann in die letzte Phase, die Retain- Phase, gesprungen. Andernfalls muss eine erneute Korrektur der Lösung durchlaufen werden.

3.4. Retain

In der letzten Phase, der Retain-Phase, setzt nun das dynamische Lernen ein. Der neue Fall soll dazu dienen, die Kompetenz des Systems zu verbessern und die Effizienz zu bewahren, wenn möglich sogar zu erhöhen. Deshalb wird der neue Fall (aktuelles Problem + adaptier- te/generierte Lösung) in die Fallsammlung aufgenommen, um bei der Lösung künftiger Prob- leme zur Verfügung zu stehen. Vor der Speicherung muss zunächst entschieden werden, ob der neue Fall vollständig oder nur teilweise übernommen werden soll. Enthält dieser nämlich im Vergleich zu einem bereits vorhandenen nur wenig neues spezifisches Problemlösungs- wissen, kann geprüft werden, ob der alte Fall durch das neue Wissen erweitert und somit der neue Fall verworfen werden kann. Nach dieser Überlegung muss die neue Erfahrung in eine geeignete Darstellungsform überführt werden. Dies kann eventuell zu einer Reorganisation der Fallbasis führen, da die Indexstrukturen neu aufgebaut werden müssen. Hiermit ist der Re- tain-Prozess jedoch nicht beendet: überflüssige Fälle werden aus der Fallsammlung ge- löscht (siehe IBL-Algorithmen in 2.3 Fallbasis und Lösungstransformation), die Ähnlich- keitsbeurteilung wird - wenn möglich - verbessert und es wird versucht, die Lösungsanpas- sung zu optimieren.
Das dynamische Lernen bezieht sich jedoch nicht nur auf neue verbesserte Lösungen. Auch anhand der Fehler kann "gelernt" [Berg99] werden, d.h. die Informationen aus der vorherge- gangenen Revise-Phase bzgl. aufgetretener Fehler können auch abgespeichert werden, z.B. als separate "*failure cases*" [AaPl94]. Damit wäre eine Verbesserung des Verständnisses der Feh- ler möglich, was späteren Problemen zugute käme.

Mit dieser Phase endet das Kreislaufmodell, beschrieben in Bild 1. Es hat eine dynamische Erweiterung der Fallbasis zur Folge, welche - durch ständige Wartung eine möglichst hohe Effizienz gewährleistend - mit zunehmender Zeit an Kompetenz gewinnt. Diese Zeit ist nicht zuletzt davon abhängig, wie zügig die Revise-Phase zum Abschluss kommt, da eine Bewer- tung der Lösung und eine etwaige Fehlerkorrektur in der Realität einen Zeitraum von einigen Tagen bis hin zu mehreren Monaten einnehmen kann, wie das Beispiel eines neuen Medika- mentes, das auf den Markt kommt, beweist. Solche Fälle können zwar auch schon früher in die Fallsammlung aufgenommen werden, jedoch nur mit dem Zusatzattribut "nicht bewertet".

4. Aufbau von CBR-Systemen und kommerzielle Werkzeuge

Im weiteren Verlauf soll nun ein Blick darauf geworfen werden, wie CBR-Systeme in der Realität zur Anwendung kommen und dabei die Fragen geklärt werden, wie überhaupt ein solches System aufgebaut ist und welche Hilfsmittel (*tools*) es dazu gibt. Ein wichtiger Aspekt für die Erstellung von CBR-Systemen ist, dass sie auch in einem weniger ausgereiften Zustand bereits hilfreich sein können. Das liegt an dem Approximationscharakter ihrer Lösungen: CBR-Systeme liefern dann eben weniger gute oder in weniger Situationen gute Lösungen, versagen aber nicht völlig. Die Möglichkeit der Verbesserung resultiert wesentlich aus der Art der **Wissenscontainer** [Rich00]. Wissenscontainer sind strukturelle Elemente, die sich dahingehend von traditionellen Modulen in Programmen unterscheiden, als dass ein Modul eine bestimmte Teilaufgabe löst, während Wissenscontainer für sich gar keine Aufgaben lösen. Selbst bei sehr einfachen Aufgaben sind stets mehrere Container beteiligt. Wissenscontainer enthalten vielmehr Wissen, das für viele Aufgaben relevant ist. In CBR-Systemen lassen sich die vier Container "Repräsentationssprache", "Ähnlichkeitsmaß", "Fallbasis" und "Lösungstransformation" identifizieren [Rich00]. Bei jedem aktuellen Problem wird Wissen aus diesen vier Containern benutzt, um eine Lösung zu finden.
Zwei wesentliche Eigenschaften von CBR-Systemen sind nun zum einen, dass die Elemente der Fallbasis erst zur Laufzeit (all die Zeitpunkte, die nach der Eingabe eines Problems liegen) verstanden werden müssen und zum anderen, dass Wissen zwischen den vier Containern verschoben werden kann [Rich00]. Dieser zweite Punkt gestaltet somit einen Performancegewinn, auch wenn das System schon in Gebrauch ist. Ein CBR-System bietet sich nur dann an, wenn hinreichend viele Fälle in der Fallbasis vorhanden sind. Wenn dies der Ausgangspunkt ist, lässt sich schnell einsehen, dass die Fallbasis anfangs noch recht ungeordnet ist, die Repräsentationssprache überwiegend aus **"primären Attributen"** (Attribute, die zu einem Problem "von aussen" gegeben sind, z.B. Baujahr oder Kilometerstand bei einem Auto. Meist sind dabei viele Attribute unnötig und es müssen erst die relevanten primären Attribute selektiert werden.) [Rich00] aufgebaut ist, das Ähnlichkeitsmaß eher grobe Einteilungen macht und das Adaptionswissen für die Lösungsanpassung auch eher klein ist. Ziel ist es jetzt, neue **"sekundäre Attribute"** [Rich00] einzuführen, also solche Attribute, die in Termini von primären Attributen definiert sind und die Aufgabe haben, für die Problematik wichtige Zusammenhänge zu repräsentieren (z.B. Kraftstoffverbrauch beim Auto). Bezüglich der anderen Wissenscontainer gilt: die Fallbasis mit neuen Fällen erweitern und unnötige löschen, beim Ähnlichkeitsmaß die Maße durch Experimentieren und Einsatz von Lernverfahren verbessern und ein Aufbau des Adaptionswissens durch Wissensakquisition und Einsatz von Lernverfahren gewährleisten.

Wenn man CBR-Systeme betrachtet, die für längere Zeit im Einsatz sind, dann ist dieser Prozess der Weiterentwicklung nie abgeschlossen und findet in Form von Wartung statt.
Solche Systeme sind meist auf bestimmte Probleme zugeschnitten. Diese Probleme treten aber nur selten in der reinen Form auf, so dass eine Integration mit anderen Techniken erfolgen muss. Diese kann auf verschiedenen Ebenen geschehen [Rich00]:

- **Toolbox-Ebene:**
  die einzelnen Teile sind über ein gemeinsames Interface zugänglich
- **Kooperative-Ebene:**
  die Teile tauschen Resultate in einer gemeinsamen Repräsentationssprache aus
- **Werkbank-Ebene:**
  einzelne Module arbeiten zusammen

- **Nahtlose Integration:**
  die Techniken arbeiten auf einer Plattform, für den Benutzer unsichtbar, zusammen

Bei jeder dieser Ebenen gelten eigene Rechtfertigungen, die hier aber nicht näher vorgestellt werden sollen. Die nahtlose Integration erfordert dabei das tiefste Verständnis der Einzeltechniken.

Abschliessend erfolgt noch ein kurzer Blick auf den heutigen Stand der **kommerziellen Werkzeuge** (*tools*) für CBR-Systeme.

Einige Unternehmen bieten hierfür *shells* an, um ein schnelles Entwickeln von Anwendungen zu ermöglichen.
Hier einige *shells* im Überblick:

- **"ReMind"** von *Cognitive Systems Inc.*
  Der Benutzer kann hier hierarchische Beziehungen zwischen den Attributen sowie die Ähnlichkeitsmaße definieren. Das Indexieren erfolgt induktiv durch Erstellen eines Entscheidungsbaums, welcher dem Benutzer erlaubt, die Wichtigkeit der einzelnen Attribute graphisch zu bestimmen. Mehrere Retrieval-Methoden werden unterstützt: zum einen **induktives Retrieval**, dann Retrieval anhand des **nächsten Nachbars** sowie ein SQL-ähnliches *"template retrieval"*. [AaPl94]
- **"CBR Express/ART-IM"** von *Inference Corporation*
- **"Esteem"** von *Esteem Software Inc.*
- **"ReCall"** von *Isoft*
  Bei diesem franz. Produkt findet man Retrieval-Methoden als Kombination aus **induktivem Retrieval** und Retrieval anhand des **nächsten Nachbars**. Ferner bietet es standard Adaptionsmechanismen an und eine Bibliothek aus Adaptionsmethoden. [AaPl94]
- **"KATE-CBR"** von *Acknosoft*
  Dieses ebenfalls franz. Werkzeug arbeitet auf dem **Instance-based reasoning** Konzept (siehe 2.4 Grundtypen von CBR-Methoden) und beinhaltet ein *tool*, welches induktives Lernen und Problemlösungen anhand von Entscheidungsbäumen unterstützt. Es stehen auch Editoren zur Verfügung, um graphisch die Fall- bzw. die Indexstruktur festzulegen. [AaPl94]
- **"S3-Case"** von *TechInno* in Kaiserslautern

Einige dieser *tools* sind frei verfügbar und können übers Internet oder direkt über die Entwickler bezogen werden.

5. Zusammenfassung

Die erfolgreiche Anwendung von Case-based reasoning ist an einige Voraussetzungen gebunden: wesentlich ist die Voraussetzung, dass kein geeignetes Wissen - etwa in Form von Modellen oder Heuristiken - vorhanden oder verfügbar ist, welches die Problemlösung herbeiführen könnte. Als weitere Voraussetzung ist zu beachten, dass für den betreffenden Anwendungsbereich ausreichend viele Fälle zur Verfügung stehen.

Die Problemanwendung, welche mit CBR-Methoden gelöst werden soll kann entweder **analytischer** oder **synthetischer** Natur sein [Rich00]. Bei analytischen Aufgaben ist das anstehende Problem meist einer Klasse bereits aufgetretener Problemsituationen zuzuordnen. Der Schwerpunkt des CBR-Systems liegt dann darin, eine ähnliche Problembeschreibung zu ermitteln. Eine Lösungsanpassung ist demnach überwiegend nicht erforderlich. Analytische Aufgaben können weiterhin in **"Klassifikation"** (z.B. Bewertung von potentiellen Kreditnehmern), **"Diagnose"** (ähnlich der Klassifikation, jedoch unvollständige Problembeschreibung) sowie **"Entscheidungsunterstützung"** (z.B. Auswahl von Produkten im Rahmen einer Verkaufsunterstützung) unterteilt werden. Bei synthetischen Aufgaben muss meist eine, auf ein anstehendes Problem zugeschnittene, Problemlösung entwickelt werden. Der Schwerpunkt des CBR-Systems liegt dabei auf der transformations- und prozessorientierten Anpassung der Problemlösung. Synthetische Aufgaben lassen sich in die Bereiche **"Planung"** (z.B. ein Plan für ein anstehendes Problem wird entwickelt), **"Konfiguration"** (z.B. Konfiguration von Computersystemen) und **"Design"** (gesucht wird - wie bei Konfiguration - eine geeignete Kombination einzelner Elemente, um ein System zu erzeugen, das eine vorgegebene Spezifikation erfüllt) unterteilen.

Allgemein kann man sagen, dass Case-based reasoning darauf abzielt, Aspekte der Künstlichen Intelligenz (KI), namentlich Problemlösung, Lernen, Wiederverwendung von generellem und spezifischem Wissen, usw. voranzutreiben. Dabei konnte gezeigt werden, dass Problemlösen und Lernen eigentlich zwei Seiten ein und derselben Medaille sind: Problemlösen basiert auf den Ergebnissen der Lernprozesse und bildet zugleich das Rückrat der neuen Erfahrungen, welche dem Lernprozess zugute kommen.

Der Trend von CBR-Anwendungen zeigt deutlich in die Richtung der Verkaufs- und Kundendienstunterstützung, wo bereits erfolgreiche Integration stattgefunden hat. Des weiteren dürfte ein erhöhtes Interesse im Bereich des computerunterstützten Lernens, Trainings und Lehrens sein, da der Wunsch einer starken Benutzerinteraktion Computerunterstützung auf Basis von case-based Konzepten nach sich zieht.

Die weitere Entwicklung hängt auch wesentlich von der Verbesserung der Falldarstellung und -auswahl ab, weil vor allem die Teilprozesse des Retrieval beschleunigt werden müssen, was unweigerlich zurück zum *"index problem"* [AaPl94] führt. Nicht zuletzt die unzureichende Schnelligkeit behindert eine stärkere Verbreitung von CBR-Systemen in der Industrie, zumal sie sich in der Praxis oft als zu unrobust und fehleranfällig erweisen.

Nichtsdestotrotz scheinen die Türen des Case-based reasoning weit offen zu stehen, zumal dieser Bereich einen frischen Wind, gepaart mit gestiegenem Optimismus in der KI gebracht hat. Die Weiterentwicklung in diesem Zweig kann durchaus zu neuen signifikanten Durchbrüchen bei KI-Methoden und -anwendungen führen.

Case-based reasoning scheint aber als Komponente in einem integrierten System hilfreicher zu sein als eine stand-alone Anwendung, was sicherlich zu noch mehr Modifikationen führen wird, so dass die Technik des CBR in verschiedenen Formen auf dem Markt wiederzufinden sein dürfte.

20

Literaturverzeichnis

[Rich00]
      Richter, M. Michael: Fallbasiertes Schließen. In: *Görz, G.; Rollinger, C.R.; Schneeberger, J. (Hrsg.):* Handbuch der Künstlichen Intelligenz. 3.Aufl., München 2000, S.407-430.

[Düsi02]   *Düsing, Roland:* Fallbasiertes Problemlösen. In: Das Wirtschaftsstudium (2002) 8-9, S. 1105-1109.

[Berg99]   *Bergmann, Ralph:* Grundlagen Fallbasierter Systeme. http://wwwagr.informatik.uni-kl.de/~bergmann/CBRVL2k/, 1999-07-01, Abruf am 2002-11-01. (Folien zur Vorlesung)

[AaPl94]   *Aamodt, A. ; Plaza, E.:* Case-Based Reasoning: Foundational Issues, Methodological Variations, and System Approaches. http://www.iiia.csic.es/People/enric/AICom.html, Abruf am 2002-11-01.